2, avenue de Corbéra - 75012 Paris

ISBN : 2-909509-32-X

Maquette : SCHNEPP Agence

Hubert

LA CREA

Le trésor

EDIT
MOR

Tous
To
de
et

SOMMAIRE

Introduction

La créativité : pourquoi aujourd'hui ?

La créativité est une idée aussi vieille que l'homme. L'homme s'est fait homme en fabricant, c'est-à-dire en créant un outil. De tout temps des hommes ont créé : des objets, des machines, des villes, des poèmes, des systèmes...

Comment se fait-il que ce ne soit qu'à partir des années 70 que ce thème émerge, péniblement d'ailleurs, et qu'il soit aujourd'hui encore ignoré par la majorité des gens, à commencer par les plus directement concernés ?

Pendant des millénaires, la création s'est produite à la conjonction d'une offre et d'une demande. L'offre venait des créateurs spontanés (nous reparlerons d'eux dans le chapitre sur les motivations à créer) qui avaient un besoin irrépressible d'exprimer leurs tensions internes dans une œuvre. La demande venait de ceux qui avaient les moyens de la payer : princes, pharaons, bourgeois enrichis. Point de mécène point d'artiste, à moins que, exceptionnellement celui-ci dispose d'une fortune personnelle lui permettant d'assouvir sa passion. Point de commanditaire, point de palais, point de machines, guerrière ou pacifique.

Selon les périodes la demande était plus ou moins limitée. Certains ne toléraient que la reproduction fidèle des créations du passé. Rares furent celles qui ont systématiquement reconnu et valorisé les créateurs : on parle de la Grèce de Périclès, de la Crète des Minœns. Beaucoup plus régulièrement ils ont été contenus et souvent réprimés.

En effet, comme l'a écrit Abraham Maslow, "la vie est un mélange intime de routine et de créativité", historiquement les sociétés humaines ont été beaucoup plus conservatrices qu'innovatrices. L'ordre plus fréquent que le changement : celui-ci, bien souvent, n'a pu advenir qu'au prix de la violence révolutionnaire. Cette tendance naturelle de tout organisme à privilégier le maintien du statu quo est la principale explication du peu d'intérêt porté jusqu'à ces dernières années à la créativité. Les gisements à l'air libre étaient suffisamment abondants. Pourquoi se serait-on préoccupé de fouilles géologiques pour découvrir, à grands coûts et à grande fatigue, des filons moins riches et plus difficiles à exploiter. La situation a commencé à changer quand la production en idées et innovations des créateurs spontanés a commencé à devenir insuffisante par rapport aux besoins économiques de la société.

Ainsi, de même que le calcul, la lecture et l'écriture ont vu leur enseignement répandu dans les masses pour produire en nombre suffisant des employés et des comptables, demain l'enseignement de la créativité se répandra-t-il afin que la société puisse disposer de suffisamment d'individus flexibles et innovants. Ainsi pourra-t-on passer de l'ère "post-figurative" où le savoir est détenu par les Anciens à l'ère "co-figurative", fondée sur l'équilibre entre compétence acquise et innovation audacieuse, et se préparer à entrer dans l'ère "pré-figurative", dans laquelle il y aura plus à inventer qu'à apprendre (M. Mead).

Longtemps donc on a tenu la création pour un phénomène mystérieux, don magique dévolu à une infime minorité d'individus touchés par l'étincelle divine. On l'avait ou on ne l'avait pas. Qui ne l'avait pas devait se contenter de ramasser les miettes du festin et parfois de bénéficier du privilège de copier l'œuvre du génie.

Qu'est-ce que créer ? Pourquoi, comment est-ce que l'on crée? Qu'est-ce qui entrave l'expression créatrice ? Autant de sujets peu abordés. Aujourd'hui encore, en Europe, le même tabou, paresseux ou superstitieux, semble stériliser la recherche. Heureusement, les besoins de la société sont là et exercent une pression de plus en plus forte sur le mur de la résistance passive de nos maîtres-à-ne-pas-penser : la créativité trouve peu à peu son chemin dans les entreprises, même publiques, dans quelques collectivités pilotes. Des lézardes apparaissent dans la muraille du conservatisme scolaire et universitaire. Les politiques eux-mêmes...

Il est difficile aujourd'hui d'ouvrir un journal ou un magazine sans y trouver une déclaration ou une analyse sur le thème "Les solutions du passé ne fonctionnent plus, le moment est venu d'apporter des idées nouvelles. Innovons !" Eh bien justement, c'est à cela que sert la créativité. ■

Chapitre 1

Qu'est-ce que la créativité ?

Les définitions sont nombreuses, parfois alambiquées ou tautologiques.

Mc Kinnon : "*La créativité est un processus qui se déroule dans le temps et qui se caractérise par l'originalité, l'esprit d'adaptation et le souci de réalisation concrète*".

Ghiselin : "*C'est un ensemble de comportements opérant des transformations originales et significatives dans l'organisation du conscient*".

Une définition plus simple énonce que "*la créativité est la capacité à créer*". Mais qu'est-ce que créer ?

Originellement, à tous les sens du terme, c'est"faire à partir de rien, ce que l'Homme ne peut". Un autre énoncé, plus modeste est plus encourageant : "*Créer, c'est réaliser un assemblage original et utile en combinant des éléments préexistants*". Ainsi la créativité serait-elle à la portée de tous, à condition d'oser combiner et de persister jusqu'à ce que nous ayons trouvé cet "assemblage à la fois original et utile". L'originalité, pour relative qu'elle soit, est plus facile à apprécier que l'utilité. Celle-ci dépend en effet le plus généralement d'un "utilisateur".

Celui-ci peut être le créateur lui-même, à la fois auteur et spectateur de son œuvre. Ce peut être sa maman, sa famille, le clan de ses amis. Ce peut être la Terre entière, avec la sanction du Prix Nobel. L'œuvre peut être une chansonnette dont le succès ne dépassera pas l'été ou la Cinquième de Beethoven.

Créer c'est donc combiner efficacement. "L'imagination constructive" (Applied imagination) est le titre du best-seller d'Alex Osborn, l'inventeur du mal compris brainstorming. Arthur Kœstler, un des esprits les plus éclairés de notre siècle, a étudié les voies de l'invention et de la création dans son "Cri d'Archimède" (The act of creation). Il y décrit comme fondamental le mécanisme de la"bi-sociation". Pour lui, créer, c'est provoquer la rencontre extraordinaire entre deux éléments qui préexistaient dans deux univers séparés. Si cette rencontre est pertinente, originale, utile, nous avons créé.

Apparemment, créer, c'est tout simple. Pourquoi est-ce si difficile dans les faits ? Nous le verrons dans les chapitres suivants et surtout nous verrons comment nous pouvons être concrètement aidés dans cette aventure.

Les caricatures de la créativité

Elles sont nombreuses. Le mot a un air de familiarité qui fait que tout un chacun s'en fait une image a priori, image qui agit malheureusement parfois comme filtre déformant et comme alibi à l'ignorance ou à la mauvaise foi.

Quand ont dit de quelqu'un qu'il est créatif, on sous-entend généralement qu'il est original jusqu'à l'excentricité, fantaisiste jusqu'à l'égarement, audacieux jusqu'à la provocation, novateur jusqu'à la marginalisation.

Bref on tend à mettre l'action davantage sur le dérangeant que sur l'efficace, sur le farfelu que sur l'utile.

Au mieux, on pose l'équivalence de la créativité et de l'imagination. Mais on peut être très imaginatif sans jamais rien créer et inversement : l'exemple japonais nous en fournit chaque jour des illustrations.

L'utilisation du mot créatif comme substantif dans la publicité ne fait qu'ajouter à la confusion, puisque c'est ainsi que l'on désigne les rédacteurs et concepteurs chargés de traduire les instructions du commercial de l'agence en idées de campagnes percutantes. Cet emploi abusif du terme peut laisser supposer que "ceux qui n'en sont pas ne le sont pas".

Or, un comptable, un capitaine de C.R.S., un employé de banque, une mère de famille ont eux aussi une capacité de création potentiellement illimitée.

La prolifération de caricatures, outre l'appétit des médias pour le bizarre et le croustillant, tient aussi à la nature profondément dialectique de la créativité, qui s'exprime avec force dans la devise de Leonardo da Vinci, *ostinato rigore* : avec une rigueur obstinée. La créativité, c'est la rigueur.

L'invention de la créativité par Guilford et Osborn

Le mot créativité est récent, sa réalité encore insuffisamment étudiée, mais l'intérêt pour la chose remonte à l'Antiquité : Platon, Héraclite, Aristote, mais aussi les mythologies orientales, la Kabbale, des créateurs intéressés par l'auto-analyse, Descartes lui-même se sont penchés sur l'observation du phénomène et en ont tiré des conclusions tout à fait actuelles.

C'est même un Français, le mathématicien Jacques Hadamard, qui a le premier décrit avec précision les quatre phases du processus de l'invention :

- préparation ;
- incubation ;
- illumination ;
- vérification.

Les deux premières sont visibles, actives et relèvent d'une activité consciente et volontaire. L'incubation est la phase clé : le sujet de la recherche, le germe de l'œuvre est porté par le créateur comme l'embryon par la mère mais le temps de gestation est indéterminé. D'où le caractère soudain et le fort effet émotionnel de la "naissance" : l'auteur est étonné et même ébloui par le passage surprenant de l'obscurité du doute et de l'angoisse de l'incertitude à la révélation lumineuse de la "vérité" créatrice. Vérité qu'il reste à valider. Et si les conclusions sont négatives, il ne reste qu'à recommencer. Les précurseurs de la créativité moderne sont donc légion, mais il fallut attendre les années cinquante pour qu'émergent les découvertes fondatrices.

Descartes, pionnier de la créativité européenne

Mais avant d'en venir à l'apport fondamental des Etats-Unis, il n'est pas inutile de rendre justice à Descartes, l'incompris. L'immense majorité de ceux qui se déclarent

Cartésiens n'ont pas lu dix pages du Discours de la Méthode. Quand quelqu'un dit "Soyons cartésiens", son propos est assurément de privilégier le poids de l'expérience passée, le conservatisme le plus forcené déguisé en bon sens pragmatique, aux dépens d'une idée nouvelle dont l'application risquerait de mettre en péril le confort de l'ordre établi.

Cette attitude est à l'opposé de la vie - et de la pensée de René Descartes. Successivement mercenaire, touriste, aventurier physique et moral, son existence a été tout le contraire du conservatisme.

Tout en nous mettant en garde contre les nombreuses illusions "maîtresses d'erreur", il écrit noir sur blanc que "l'entendement n'est rien sans le secours de l'imagination" et qu'il trouve "plus de vérité chez les poètes que chez les savants", car les premiers ont une vision plus profonde et plus complète de la réalité, que les seconds ont tendance à percevoir à travers le filtre déformant de leur compétence et de leurs convictions théoriques.

La créativité n'est pas l'imagination : celle-ci nous aide à nous faire des représentations, banales ou originales.

C'est ce que nous décidons de faire de ces représentations qui en fera ou non l'aliment de notre créativité.

Le rêveur qui reste perdu dans la contemplation de son exubérante imagerie sans jamais la mettre en forme concrètement n'est pas un créateur.

Mais celui qui s'interdit de rêver et qui considère l'imagination comme une forme affaiblie se condamne à la stérilité. Et à la tristesse de la mort dans la vie.

Descartes n'était pas de ceux-là et sa Méthode est créative, dans son esprit et dans son déroulement.

Alex Osborn et le brainstorming
(remue-méninges ou tempete de cerveau)

Osborn était Président de l'agence de publicité new-yorkaise BBDO. Il avait constaté qu'au cours des réunions de recherche d'idées, fréquentes dans ce métier, la plus grande partie de l'énergie était dilapidée dans la critique destructrice des idées des autres. Son "illumination" a fait surgir le principe du *jugement différé* : chaque séance de chasse aux idées serait désormais divisée en deux parties. Dans la première s'appliquent avec une rigueur impitoyable les quatre règles de la Roue Libre (free wheeling) :

1. Il est interdit d'interdire. L'évaluation des idées est proscrite, qu'elle soit positive ou négative. L'autocensure est abolie.
2. Les idées les plus étranges doivent être accueillies avec une bienveillance particulière.
3. La quantité est à privilégier par rapport à la qualité.
4. L'association d'idées doit être pratiquée systématiquement et sans limites : chaque proposition de l'un est une locomotive à laquelle tous les autres sont invités à accrocher leurs wagons.

Cette première partie accomplie par un groupe de 6 ou 7 personnes préalablement informées du thème de la recherche, se déroule généralement dans une ambiance d'excitation et de bonne humeur. La deuxième partie voit le groupe, en entier ou réduit aux personnes les plus directement impliquées par le problème, se livrer à l'examen méthodologique et rigoureux de la liste de 50 à 100 idées générées sans contrainte. Le tri conduit à retenir les plus pertinentes mais aussi à repérer des germes d'originalité à développer et approfondir.

Limites et difficultés du brainstorming

• L'application des quatre règles de la roue libre n'est pas aussi aisée qu'il peut paraître. Se libérer de toute censure et laisser vagabonder librement son imagination ne s'obtient pas sur simple décision volontaire. S'abstenir, même provisoirement, de juger les idées des autres est - dans nos cultures où l'esprit critique est souvent confondu avec l'esprit de critique - une attitude particulièrement difficile à intégrer. Penser l'étrange et le farfelu n'est pas à la portée de personnes qui ont été conditionnées par l'école et par l'éducation à "tourner sept fois leur langue dans leur bouche" avant de s'exprimer. Enfin, écouter l'autre avec ouverture pour passer du jeu personnel au jeu d'équipe est en contradiction profonde avec la valorisation de l'individualisme qui caractérise les sociétés latines.

• La deuxième partie est facilement transformée en défoulement critique et en jeu de massacre : or, elle devrait au moins autant que la première faire l'objet d'un effort soutenu de récupération et de transformation, afin de trouver comment concilier la nouveauté de l'idée et son acceptation par un public a priori résistant.

• L'apparente facilité de la technique est trompeuse : c'est en fait une approche qui n'est féconde qu'avec des personnes qui - en plus de leur flexibilité et de leur fluidité naturelles - auront été longuement entraînées à la pratique collective des logiques de l'invention.

La découverte révolutionnaire de J.P. Guilford

Au milieu des années 50, John Paul Guilford, Président de l'Association des Psychologues U.S.A., a reçu du gouvernement fédéral une mission capitale - et un budget conséquent - : définir précisément la nature de la créativité et les moyens concrets de l'éduquer et de la développer.

Sa recherche s'est appuyée sur une approche scientifique digne de la méthode expérimentale de Claude Bernard. Il a commencé par constituer deux échantillons d'un millier de personnes chacun. Le premier regroupait des créateurs reconnus, appartenant à différentes disciplines : techniques, scientifiques, artistiques, littéraires. Le second était simplement représentatif de la population états-unienne. Une imposante série de tests de personnalité a été administrée aux uns et aux autres. L'analyse factorielle a conduit à une conclusion dont les conséquences, si elles étaient traduites en décisions, pourraient (pourquoi ne pas dire : pourront) aider à gérer sans trop de douleur la mutation en cours de la civilisation industrielle. Tout le monde, sans exception, possède un énorme potentiel créatif. Le problème est que seuls quelques-uns utilisent ce potentiel. La majorité n'a même pas l'idée de l'exploiter.

Autre découverte de Guilford et de son équipe : le potentiel créatif est indépendant du sexe, de l'âge, de la race, de l'origine sociale.

Troisième découverte, et non la moindre : ce potentiel peut être réveillé et développé à tout âge par une pédagogie appropriée. A partir de ce dernier constat, nos confrères d'Amérique du Nord se sont lancés dans l'action.

La Foundation for Creative Education

Constituée en 1954 à l'aide de la cession des droits d'auteur d'Osborn, elle est abritée par le State College de Buffalo. Elle a été et reste le creuset où se mêlent et s'allient les apports et les expériences de théoriciens et de praticiens du monde entier. Outre l'édition d'une revue trimestrielle, le *Journal of Creative Behaviour*, la Foundation organise chaque année une rencontre internationale où affluent plusieurs centaines de "pèlerins". J'y ai rencontré des enseignants et des étudiants, des militaires et des hauts fonctionnaires, des prêtres et des rabbins, des assistantes sociales, des médecins, des architectes, des artistes, des industriels et des retraités, des auteurs de best-sellers et des béotiens, des américains en grand nombre mais aussi des nationaux de pays dont j'ignorais même le nom.

A partir de cette Mecque occidentale, la créativité a donc migré aux cinq coins de la planète. Dans beaucoup de cas, c'est le modèle buffalonien qui a été plus ou moins fidèlement importé. Certains pays, tels l'Allemagne, le Royaume-Uni, l'Inde... et la France, qui avaient des antécédents historiques, ont développé des approches originales qui ont enrichi le schéma développé par Sid Parnes, héritier spirituel de Osborn et Guilford.

La créativité aujourd'hui dans le monde

Les Etats-Unis restent une exception : le dialogue entre l'éducation et l'entreprise est fécond et permanent, des centaines d'établissements, du primaire à l'université non seulement ont introduit des cours de "pensée créative", mais nombreux sont les enseignements scientifiques ou littéraires qui ont vu leur pédagogie transcendée par l'approche et les outils créatifs. Les conseils en créativité et innovation sont légion, plus souvent intervenants individuels que membres d'une équipe ou d'un cabinet. Mais surtout les outils de base se sont banalisés et font partie désormais du bagage normal du manager.

En Europe, l'Allemagne et le Royaume-Uni ont développé d'intéressants programmes pédagogiques en particulier pour les ingénieurs. En France, des dizaines de pionniers des années 70, peu sont encore aujourd'hui des militants actifs. La plupart, découragés par l'accueil des responsables, ont orienté leur énergie créatrice vers d'autres activités, scientifiques, littéraires ou économiques.

Depuis A. Beaudot, la recherche en université a fait peu de progrès, se contentant en général de reprendre, pour invariablement les valider, des travaux américains déjà datés.

Un grand nombre de consultants, externes et internes, ont intégré quelques outils créatifs dans leur panoplie d'intervention.

La situation actuelle est paradoxale : la prise de conscience de la nécessité d'une approche novatrice des problèmes s'est généralisée, la crise aidant. Le passage à l'acte est nettement moins fréquent. Cependant, plusieurs indicateurs incitent à un optimisme raisonnable :

• Dans les entreprises, après la fonction Marketing qui a été initiatrice en la matière, les fonctions Ressources Humaines et Recherche-Développement se sont mises de la partie et - surtout - les Directions Générales commencent a réaliser le rôle essentiel que peut avoir la créativité dans la gestion du changement.

• Les collectivités locales et les pouvoirs publics enfin manifestent une curiosité prometteuse. Certaines villes se sont déjà lancées. A suivre... ■

CHAPITRE 2

Créativité et intelligence

Un des mérites de Guilford est d'avoir démontré que, au-dessus d'un score de 80, il n'y a aucune corrélation entre créativité et intelligence.

Entendons-nous sur le mot : intelligence est ici entendu dans l'acception forgée par Binet et Simon et mesurée par le Q.I. (Quotient d'Intelligence). Le Q.I. évalue l'aptitude à trouver rapidement LA bonne réponse à une question mettant en jeu les capacités analytiques et déductives.

Cette forme d'intelligence, objet privilégié de l'attention de la majorité conservatrice des enseignants, clé de la réussite sociale et de l'accession au saint-des-saints des grandes écoles, Guilford la baptise *intelligence convergente.*

Il y oppose *l'intelligence divergente*, qui recouvre pour lui le potentiel créatif et qu'il évalue par quatre critères, saisis par le test de créativité de Torrance :

• La fluidité se mesure par le nombre de réponses que le sujet peut produire en un temps donné sur le problème qui lui est posé,

• La flexibilité se mesure par le nombre de catégories différentes dans lesquelles on peut classer ces réponses,

• L'originalité se définit par la nouveauté relative des idées de réponses, l'inverse de la banalité,

• L'élaboration s'apprécie par le caractère précis, détaillé, fouillé, des réponses apportées, ceci indépendamment de leur pertinence ou de leur réalisme.

Voici les principales questions du test de Torrance :

1. Enumération

"Faites la liste de tous les objets ronds auxquels vous pouvez penser" (variantes : objets carrés, objets qui font du bruit, objets avec des roues).

2. Utilisations inhabituelles

"Enoncez le plus grand nombre possible de façons d'utiliser une brique" (variantes : un cintre, un pneu, un journal, un bouchon...)

3. Similitudes

"Les ressemblances entre une pomme de terre et un cigare" (variantes : un livre et une automobile, un ministre et une bicyclette, un étang et une famille...)

4. Interprétation de huit figures discontinues

5. Interprétation de tracés

6. Conséquences d'événements improbables

"Que se passerait-il si tous les produits alimentaires de base étaient gratuits ?" (variantes : si l'usage des fards et cosmétiques était prohibé par la loi, si papier et carton étaient détruits par un virus cellulophage...).

7. Formes géométriques à transformer en dessins

Limites du test

• La validité d'un test dépend normalement de la reproductibilité des résultats obtenus. Or, le fait de répondre à des stimuli créatifs augmente progressivement fluidité et flexibilité : le sujet obtient donc un score supérieur à chaque nouvelle passation.

• Les conditions de passation ont une influence déterminante : il y a contradiction entre l'objectif d'avoir un bon score et le caractère ludique des questions.

• Tous les sujets n'ont pas le même rythme d'incubation et d'élaboration des réponses : les esprits vifs sont donc favorisés aux dépens des cerveaux lents mais néanmoins féconds.

• Enfin et surtout, ce test et les similaires définissent un certain type de créatif, celui que Louis Astruc appelle "dynamico-fantaisiste". Il y en a au moins treize autres.

Dans notre pratique, nous avons recours à ces stimuli avec des finalités totalement différentes : comme moyen de faire prendre conscience à la fois des mécanismes de génération des idées et des autolimitations qui en freinent la production, comme exercices de gymnastique mentale utiles pour lutter contre les ankyloses de la pensée.

Une épreuve complémentaire nous paraît autrement significative : faire la liste de tous ses centres d'intérêt. Plus ils sont nombreux et variés, plus la "banque de ressources" à notre disposition est riche et plus la probabilité de réaliser des bi-sociations originales est élevée.

Le rôle majeur de la culture générale

Il existe des créateurs monomanes mais ils sont une minorité. En outre, même si leur centre d'intérêt paraît au profane étroit et limité, il est en réalité infiniment plus vaste, vu la multiplicité des aspects que permet d'investiguer la vision microscopique.

La culture peut être vécue de trois façons :

- *le conservateur* (au sens moral et au sens bibliothécaire), en fait un patrimoine intouchable, objet de respect révérenciel et source de paralysie de la pensée novatrice,
- *le jouisseur* y trouve ample matière à consommation, dégustée en tant que telle, pour le plaisir de la chose,
- *le curieux* pratique l'irrespect iconoclaste : il s'intéresse à tout, mais comme à la fois artefact digne de considération et matière taillable et malléable à loisir. L'orthodoxie n'est pas son fort. La pensée et l'œuvre des créateurs du passé sont pour lui un grand magasin d'objets à transformer et à assembler.

Les quatre niveaux de comportements

- Le premier niveau est celui du *réflexe*, il caractérise toute matière vivante, y compris les protozoaires.
- Le deuxième, celui du *réflexe conditionné*, requiert un système nerveux plus élaboré. Mais outre le chien de Pavlov, il semble que même les lombrics soient susceptibles d'en acquérir.
- Le troisième niveau est celui du *comportement intelligent* : il consiste à exercer notre capacité de discernement pour choisir, entre plusieurs réponses préalablement emmagasinées par l'éducation ou par l'expérience, celle qui nous semble la plus pertinente dans une situation donnée.
- Le quatrième est le *comportement créatif* : si nous n'avons pas réussi à trouver dans notre stock de solutions dispo-

nibles celle qui correspond à notre besoin ou à notre désir, il nous reste l'issue d'en inventer une nouvelle.

Pour des raisons socio-historiques décrites plus haut, ce dernier comportement est souvent inhibé, d'où stress et frustration. Face à une situation de crise, Henri Laborit énonce trois types de réponses éventuelles :

• La prostration, l'attente passive de la catastrophe annoncée,
• L'agressivité, le choix de tenter de détruire pour éviter le risque d'être détruit,
• La fuite.

De ces trois réponses, toutes à la portée de l'animal, seule la troisième est salvatrice, au moins provisoirement.

L'être humain dispose de la capacité d'en trouver une quatrième : la créativité.

La créativité n'est pas l'intelligence divergente.

En effet, si on se prive de toute possibilité de découverte en s'interdisant de diverger, si la divergence n'est pas immédiatement suivie par une récupération convergente des idées librement générées, l'élan créatif risque d'être réduit à une éjaculation précoce. Si le concept n'est pas traduit en réalité, peut-on encore parler de créativité ?

Aujourd'hui commence à s'établir un consensus sur la nécessité de considérer la convergence comme le complément indispensable de la divergence pour accomplir un acte véritablement créatif. En d'autres termes, la capacité à repérer dans la gangue de la libre association les parcelles de minerai précieux, puis à raffiner ce minerai pour en faire un métal utile, n'est pas moins importante que celle de remuer des tonnes de terre. Cette capacité, elle aussi, peut être développée par une gymnastique appropriée.

Les deux cerveaux du Professeur Sperry

Depuis les découvertes qui ont valu le Prix Nobel de Médecine à ce neurochirurgien californien, il est établi que les deux hémisphères cérébraux n'obéissent pas aux mêmes logiques de fonctionnement.

Schématiquement, on peut dire que le cerveau gauche assemble des information digitales (mots et chiffres) en séquences analytico-déductives tandis que le cerveau droit saisit globalement des stimuli analogiques (sensations, champs et contre-champs, relations entre les éléments de l'ensemble) pour leur donner une signification immédiate, grâce à la force de l'intuition.

Cette constatation a conduit certains à opposer le cerveau gauche, dit logique et rationnel, au cerveau droit dit créatif. Cette opposition est un double contresens :

• Il y a des logiques déductives et des logiques heuristiques (l'Heuristique, du Grec "*eurisko*" je trouve, est la science de la découverte),

• La créativité est la résultante de l'interaction féconde entre les deux cerveaux. Il y a de l'ingénieur dans le poète et du poète dans l'ingénieur.

Non, l'enfant n'est pas plus créatif que l'adulte

Les enfants surdoués, qui représentent de toute façon une minorité exceptionnelle et peut-être artificiellement définie, se caractérisent plus par leur intelligence convergente que par leur créativité effective.

Généralement, quand on affirme qu'un enfant est créatif, on veut simplement dire qu'il a une plus grande facilité à exprimer librement sa fantaisie. Si la majorité des adultes se montrent peu créatifs, c'est tout simplement parce qu'ils ne savent pas ou ne veulent pas utiliser leurs ressources, par définition mille fois supérieures à celles du bambin. Il n'y a pas de création sans compétence et sans maîtrise de l'expérience. Il n'y a pas d'invention sans savoir et savoir faire, à condition bien sûr que la compétence soit transcendée par le droit à l'audace.

Il en va de même pour l'Enfant avec un grand E. Certains spécialistes de l'analyse transactionnelle en font le lien géométrique de la créativité. Certes la partie Enfant en nous représente une source richissime d'énergie, de fantaisie, de désir et de puissance ludique. Mais si cette énergie n'est pas orientée par la lucidité de la partie Adulte, si ce dialogue n'est pas protégé et encouragé par le pouvoir tutélaire de la partie Parent, le processus créatif ne s'accomplira pas.

Ce n'est ni l'inconscient, ni le cerveau droit, ni l'Enfant qui crée : c'est la Personne tout entière. ■

CHAPITRE 3

Les trois dimensions de la créativité

A l'intersection de nos recherches théoriques, de nos échanges avec des collègues de diverses disciplines et de notre expérience de praticiens en entreprise, nous avons découvert un modèle explicatif de succès de la démarche créative, que celle-ci soit individuelle ou collective.

Il s'agit d'une matrice à trois axes :

• talent
• méthode
• énergie

Si le déficit est excessif sur l'un des axes, la machine se grippe, avec risque de stérilité productive et de frustration psychologique, voire psychosomatique.

Les trois dimensions de l'efficacité créative

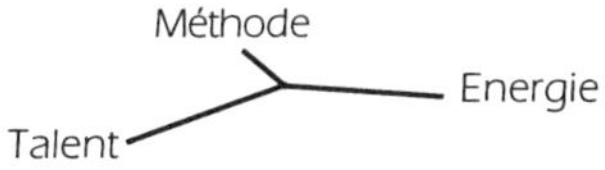

Le talent

Il recouvre d'une part les quatre critères du potentiel créatif (fluidité/flexibilité/originalité/élaboration) mais également diverses caractéristiques personnelles, telles que :
- curiosité, culture générale, scientifique et artistique en particulier,
- ouverture au monde et aux autres,
- sens de l'observation,
- équilibre psychosomatique,
- aptitude relationnelle,
- respect et valorisation de la différence,
- tolérance de l'ambiguïté et du flou,
- sens de l'humour et auto-ironie,
- indépendance de jugement,
- relative insensibilité aux pouvoirs établis,
- utilisation de tous les sens, y compris le sixième.

(Mais il y a de très grands créateurs qui n'ont aucun sens de l'humour, sont sensibles à la pompe et aux honneurs, sont intolérants jusqu'à la limite de l'ostracisme et ont une santé défaillante).

La méthode

Tout créateur a une méthode, un parcours d'invention qu'il suit fidèlement, inconsciemment ou consciemment. Cette méthode se caractérise par un principe de base, le recours à différentes logiques de découvertes (heuristiques) et la séquence de trois moments principaux.

Le principe de base

C'est tout simplement la dialectique :
divergence / convergence
ouverture / fermeture
déstructuration / restructuration
chaos / organisation
rêve / pragmatisme
utopie / réalisme

Cette dialectique est dans l'ordre de la nature. Les philosophies anciennes, la pensée orientale actuelle l'ont plus ou moins bien intégrée. Elle a été jusqu'à présent pratiquement exclue de l'idéologie du monde occidental blanc industriel.

Il s'agit donc de la réapprendre, de dépasser le OU pour découvrir la richesse du ET, de trouver un plaisir d'intensité croissante à dépasser les antagonismes par une synthèse à forte valeur ajoutée. Et ceci dans l'observation et l'écoute, dans l'analyse et dans l'invention et surtout dans l'action. Outre les nécessités de la productivité créative, le rôle croissant des logiques floues *(fuzzy logics)* nous y invite.

Le parcours d'invention

Il se déroule systématiquement en trois temps :

Avant

Un piège mortel est de se ruer impétueusement vers la recherche de solutions avant d'avoir défini précisément le sujet à traiter et d'avoir parfaitement clarifié nos objectifs.

Ce préalable comprend lui-même deux étapes : une étape de perception, qui nous sert à recueillir un maximum d'éléments pour en imprégner nos deux cerveaux et une étape d'analyse créative destinée à déstructurer puis à restructurer la problématique de façon à identifier les points critiques sur lesquels agir en priorité.

La majorité des problèmes qui n'ont pas encore trouvé de solution satisfaisante souffrent de ne pas avoir bénéficié d'une véritable analyse créative, qu'il s'agisse de problèmes personnels familiaux ou encore de problèmes collectifs : emploi, violence, éducation, déchirure du tissu social...

Pendant

C'est le cœur du processus, le moment qui voit se former peu à peu la réponse innovante, se constituer l'œuvre, se former l'invention. C'est là que le recours aux logiques non-déductives va être le plus crucial. C'est là que l'appui de personnes très différentes de nous-mêmes, avec qui nous établirons une collaboration en duo ou en groupe, peut se révéler le plus utile.

Au cœur de l'idéation se situe le mécanisme de la pensée magique. L'idée magique est une solution précise et merveilleuse au problème posé, avec une petite limite : pour des raisons diverses (techniques, financières, juridiques, morales, commerciales...) elle est irréalisable. A partir de l'idée fantastique et impossible il s'agira d'imaginer comment la traduire en idée créative, c'est-à-dire : originale, intéressante et réalisable.

Les romans de Jules Verne, les dessins de Leonardo, les récits de science-fiction sont pleins d'idées magiques dont certaines font aujourd'hui partie de notre univers familier, comme la télévision, le sous-marin, l'hélicoptère... et certains objets dessinés dans le "Catalogue des objets introuvables" de Carelman.

Après

La production d'idées a été riche, qualitativement et quantitativement. Il nous reste à sélectionner, hiérarchiser, choisir et... agir. C'est sans doute le moment le plus délicat, pour plusieurs motifs dont les effets délétères se potentialisent mutuellement :

• La tristesse de devoir choisir, donc renoncer à toutes les solutions que nous n'aurons pas retenues.

• La crainte de nous tromper, de prendre un risque mal calculé.

• L'instinct de conservation, la probabilité d'un inconfort au moins provisoire que suscitera l'innovation chez les autres et en nous-mêmes.

• Et, surtout, la difficulté à comprendre une idée *vraiment* nouvelle. Piaget, confirmé par les avancées récentes de la psychologie cognitive, explique bien ce paradoxe : nous ne pouvons comprendre que ce que nous sommes préparés à comprendre, d'où une résistance naturelle, quasiment neurophysiologique, à la perception et à l'acceptation de la nouveauté.

D'où l'importance, dans cette étape de passage à l'acte, d'utiliser des outils créatifs pour intégrer pleinement l'idée nouvelle et pour déceler et dépasser les nombreux risques d'autosabotage que nous mettons en place automatiquement pour nous empêcher de réussir : une partie de nous-mêmes veut le succès de notre entreprise, une autre veut nous "protéger" des conséquences du succès.

L'énergie

C'est le facteur clé. Sans lui rien n'est possible. Son abondance ouvre largement l'horizon à toutes les conquêtes.

L'exemple des "dragons" asiatiques, Japon en tête, démontre que la volonté de gagner permet de se contenter d'un talent limité (pour des raisons culturelles, les Nippons ont peu d'imagination et ont beaucoup de mal à diverger), d'acquérir les méthodes nécessaires et de mettre le tout au service d'un scénario de succès.

Les sources d'énergie sont multiples :

- physiques et mentales,
- individuelles et collectives,
- présentes et temporelles (des racines et un projet),
- psychologiques (besoin, désir) et morales (un dessein et une volonté).

Partons des motivations à créer. Elles sont de trois ordres :

• Le besoin : "*necessity is the mother of invention*". Beaucoup de machines et de produits ont été créés pour apporter une satisfaction à des besoins de masse ou pour une cible plus restreinte.

• Le désir : tout va bien, personne ne m'a rien demandé. Je crée parce que j'en ai envie, parce que je suis mu par un ressort interne, parce que si je n'exprime pas la force de "l'arc tendu de contraires" (définition que Nietzsche donnait du génie) je prendrai le risque d'une implosion.

• Le contrat : je cherche - et quelquefois je trouve - parce que je suis payé pour le faire.

Il est évident que deux de ces motivations, ou les trois, peuvent se combiner. Elles rencontreront de toutes façons de multiples freins. Les facteurs d'inhibition de la créativité ont fait l'objet de nombreux ouvrages, écrits par des psychologues, des sociologues et des spécialistes de l'organisation du travail. Leur liste constituerait une litanie aussi vaine que décourageante, tant les blocages sociaux peuvent aisément s'additionner aux obstacles logiques et aux conditionnements individuels. En fait, on peut les regrouper en trois : la *peur*, la *paresse* et l'*ignorance*.

Ignorance du potentiel qu'on possède tout d'abord : avoir sous le parquet de son grenier des lingots d'or dissimulés par un ancêtre risque de faire vivre et mourir riche dans la misère. En revanche, les créateurs spontanés sont des gens qui savent qu'ils sont créatifs.

Ignorance de l'existence de moyens, de méthodes, d'outils pour exercer et développer ce potentiel. On n'a que trop tendance en France à privilégier le talent "naturel" et à dévaloriser l'effort : comme si Pavarotti ou Cecilia Bartoldi ne se livraient plus chaque jour à des heures de vocalise ! Nombreux sont aux Etats-Unis et dans différents pays les cours et séminaires pour apprendre à écrire un feuilleton télévisé, une nouvelle ou une comédie musicale. "L'art du suspense" de Patricia Highsmith n'est rien d'autre qu'un manuel d'écriture policière.

La *paresse* est un frein d'autant plus répandu que le courage et la volonté sont devenus pour diverses raisons des valeurs dites d'ordre et de virilité, donc réputées obsolètes. La psychosynthèse de Roberto Assaggioli propose une série d'exercices destinés à renforcer la volonté. Leur lecture pourra faire ricaner ou hurler des parents plus laxistes que progressistes. Leur pratique devrait être obligatoire pour les adolescents et les adultes de tout âge. (Eh oui, la créativité demande du muscle).

La *peur* est le détergent le plus grave, car profondément enraciné dans un émotionnel archaïque. Notre enfance individuelle a été jalonnée de peurs imaginaires, l'enfance de l'humanité l'a été de peurs bien réelles : arbitraire, violence, épidémies, famines...

L'avantage de la situation actuelle, de la crise comme on l'appelle avec l'illusion que - comme il y a eu un avant, il y aura un après -, c'est que nous n'avons plus le choix entre la sécurité de ne pas changer et l'insécurité d'oser innover.

Il n'y a pas aujourd'hui de plus grand risque que de refuser le changement. Le dilemme se résume donc à deux options :

• Accepter le risque de subir passivement un changement décidé par d'autres à notre place.

• Choisir le risque d'être un des coauteurs du changement.

Si nous faisons le deuxième choix, il ne nous reste qu'à apaiser notre peur. D'abord ne pas la nier, la reconnaître avec bienveillance, l'accepter, l'apprivoiser, la relativiser. Ensuite faire l'inventaire de toutes les ressources, présentes et potentielles, qui peuvent nous rendre plus forts, nous aider à mieux calculer le risque, à maximiser nos chances de réussite. Enfin à reprogrammer nos conditionnements pour construire (pour les plus avantagés à consolider) un scénario gagnant. Dans cette reprogrammation, un point capital regarde les *croyances.* Les anglo-saxons parlent de "diminishing beliefs", croyances amoindrissantes qui nous font nous voir plus petits et plus faibles que nous ne sommes en réalité.

A l'opposé les "empowering beliefs", les augmentent en nous faisant prendre conscience de la richesse de nos capacités (savoirs et savoir faire, intelligence et intuition, relations et amitiés : nous avons de tout cela beaucoup plus que nous le croyons) et surtout de l'infini des potentiels que nous pouvons développer si nous le décidons. Energie créatrice et pensée positive sont deux faces d'une même réalité.

Le créatif est celui qui, en toutes circonstances y compris les plus dramatiques, est capable de percevoir les points sur lesquels il pourra appuyer les leviers adéquats pour inverser ou au moins infléchir l'évolution probablement négative de la situation. On est donc bien loin d'une résignation fataliste ou du port de lunettes roses destinées à nous donner une vision moins triste de la réalité.

Le créatif est un pessimiste actif. Il sait que "rien n'est acquis à l'homme, ni sa force, ni sa faiblesse, ni son cœur". Sans tomber dans un délire d'omnipotence, il est convaincu qu'il a un pouvoir sur ce qu'il est et sur ce qui lui arrive.

Au-delà de ce discours bien pensant, deux approches concrètes sont disponibles pour nous aider à réussir notre réarmement moral.

L'assertivité (affirmation de soi) propose des techniques comportementales dont l'apprentissage et la répétition peuvent aider à renforcer notre moi Adulte et à dépasser les contaminations émotionnelles (Enfant) ou sociales (Parents) qui risquent de nous réduire à un état de passivité. La passivité se manifeste par quatre symptômes :

- l'inaction,
- la suradaptation,
- l'agitation,
- la violence, exercée contre les autres ou contre soi-même.

L'autre approche, plus longue parce que plus fondamentale est un travail, accompagné de préférence, sur le scénario personnel à travers les cinq étapes de la *Spirale du succès* :

1. Prendre conscience de toutes nos ressources, celles possédées et celles que nous pourrons obtenir, seul ou avec l'aide des autres.
2. Clarifier nos objectifs à long terme (life goals) et identifier un objectif à court terme.
3. Imaginer diverses stratégies pour atteindre l'objectif à court terme (ici le recours aux techniques créatives et l'apport de partenaires sont indispensables).
4. Décider quelle est la stratégie la mieux adaptée à nos besoins et à nos possibilités, tout en étant la plus conforme à notre système de valeurs.
5. Mettre en place un plan d'action précis et détaillé, qui prenne en compte les risques de sabotage et d'autosabotage.
5 bis. Passer à l'action. Et réussir. ■

Chapitre 4

L'heuristique et les logiques de la découverte

La logique occidentale qui s'est appropriée le titre de Logique unique avec un grand L est fondée sur la déduction, sur le syllogisme et sur le principe du "tiers exclus" : "A est A, A n'est pas non-A". Cet effort de clarification et d'organisation de la pensée a eu historiquement ses mérites et aujourd'hui encore la logique déductive, fonction du cerveau gauche, nous offre le parcours le plus élégant entre un problème déjà répertorié et la solution déjà présente en "magasin". Cette efficacité, remarquable dans un contexte clos et stable, est une limite stérilisante dès qu'il s'agit d'inventer et de découvrir. La dialectique de Héraclite, le philosophe du changement, n'a été redécouverte qu'au 19ème siècle. Mais hélas Marx récupéra Hegel pour fonder le matérialisme historique dont sont issues les perversions que l'on sait. Aux USA, dès avant la guerre, Alfred Korzybski fondait avec la Sémantique Générale la logique du non-A : une chose peut être elle-même et autre chose, voire son contraire. Un homme est aussi une femme, un chef est aussi un subordonné, un solide peut être un liquide, un travail peut être un plaisir, etc.

Le titre de la bible de la Sémantique Générale, "Science and sanity" nous éclaire bien sur les intentions de l'auteur : nous faire retrouver notre santé mentale au-delà des pièges du langage et des illusions trompeuses de la logique formelle. René Leclercq quant à lui fonde la logique de la découverte sur la notion de plausibilité ou probabilité subjective. Inventer, c'est se lancer dans une exploration limitée par deux pôles extrêmes :

← faux — indéterminé — vrai →

Investiguer l'indéterminé suppose de recourir à d'autres logiques que la déduction. Leclercq démontre, équations à l'appui, ce que le bon sens nous laisse entrevoir : la plausibilité d'une découverte sera d'autant plus élevée que nous l'aurons trouvée par un nombre supérieur de parcours logiques différents. D'où l'idée de définir la méthode créative comme multilogique.

Les logiques associatives

Les poètes et les devins du passé, plus près de nous Freud et les surréalistes ont bien montré qu'aucune association n'est due au hasard. La libre association est donc un des mécanismes les plus simples de l'invention. Elle n'est féconde que si nous réussissons à libérer notre esprit des conditionnements éducatifs et à l'entraîner dans un jaillissement incensuré. Pour y arriver, de nombreux exercices sont utiles ainsi que - en groupe - la présence d'un animateur pour faire respecter avec gentillesse et fermeté les quatre règles de la roue libre. Le brainstorming est l'archétype des techniques associatives. Son utilisation peut être optimisée par le recours à des check-lists, énumérations de verbes stimulateurs tels que Ajouter / Retrancher / Diviser / Multiplier / Supprimer / Inverser... On peut également pratiquer l'association forcée. On procède ainsi :

• On établit d'abord une liste d'une douzaine d'associations libres à partir du mot-clé du problème,

• On prend ensuite un mot au hasard, en vérifiant qu'il soit bien éloigné du thème originel. On procède ensuite à des bi-sociations ligne à ligne, avec la volonté d'en faire jaillir des solutions inattendues. Un exemple :

	théâtre	**chaussure**
1.	acteurs	lacets
2.	metteur en scène	cirage
3.	affiche	bottier
4.	location	baskets
5.	fauteuils	sport
6.	Molière	Magic Johnson

La première bi-sociation peut suggérer l'idée d'un entrelac informatique, un réseau mettant en relation l'ensemble des acteurs français repérés par leur C.V. et les metteurs en scène et autres responsables de casting. La troisième bi-sociation fait naître l'idée de combiner le titre d'une pièce avec une profession : par exemple la publicité de "Cuisine et dépendances" aurait pu être répercutée par tous les fabricants de cuisine. La sixième bi-sociation pourrait inciter les médecins à prescrire à leurs patients certaines pièces à effet thérapeutique, etc.

La carte mentale est aussi un prodigieux support à l'association d'idées. Imaginée à l'origine par Tony Buzan comme système de prise de notes, elle peut être manipulée de vingt façons différentes comme technique heuristique.

Les logiques analogiques

Elles sont aussi très anciennes et essentielles à la compréhension et à l'apprentissage : notre tendance naturelle est de ramener toute réalité nouvelle à une réalité déjà connue.
Pour inventer, il faut inverser cette démarche et - comme le proposent Gordon et Prince, inventeurs de la méthode synectique - "regarder le familier comme s'il était étrange". Le mot synectique a été forgé à partir de racines grecques signifiant "mettre ensemble des choses hétérogènes". La méthode distingue quatre types d'analogies.

• **L'analogie directe** : on remplace l'objet problématique par un objet analogique.
Par exemple le responsable formation par un agriculteur qui laboure avant de semer, l'intérieur d'une voiture par un utérus protecteur, la politique de communication d'une entreprise par une maison de verre...

• **L'analogie symbolique** : on remplace l'objet par une image. Par exemple la relation client-fournisseur par un contrat de mariage, le patriotisme par le drapeau, le lait par la pureté candide...

• **L'analogie fonctionnelle** : elle se base sur une relation entre deux objets. A est à B ce que X est à Y. Par exemple, le bon chef est à son collaborateur ce que :
- la caresse est à la joue
- la boussole est au navigateur
- le soleil est à la plante
- l'engrais est à la terre etc.

• **L'analogie fantastique** : on y substitue le magique au réel. On transpose le problème dans un univers féerique où tout est possible, y compris l'absurde. Par exemple, dans cette cité idéale, les automobiles ont des antennes qui les guident vers les flux les moins encombrés et vers les places de parking disponibles où elles diminuent de volume pour pouvoir être rangées sur des étagères.

(Nous mettons à part l'analogie personnelle, dans laquelle le sujet se met à la place de l'objet. Nous développerons cette technique dans les logiques oniriques).

Les logiques combinatoires

Leur origine est également millénaire, puisqu'on en trouve trace dans l'Ancienne Egypte. Les alchimistes et plus récemment les informaticiens leur ont redonné vie et vigueur par le biais des matrices de découverte.

Le tableau de classement des éléments chimiques constitué par Leontieff en est une excellente illustration : outre la mise en ordre logique et fonctionnelle des éléments connus à l'époque, cette matrice laissait des cases libres pour des éléments dont les propriétés étaient précisément décrites mais qu'on n'avait pas encore repérés matériellement.

Aujourd'hui tous ont été effectivement identifiés, mais certains n'existent que sur d'autres planètes.

Fritz Zwicky, inventeur de l'Analyse Morphologique, méthode matricielle fort utilisée par la NASA et l'Aérospatiale entre autres, avait ainsi découvert et décrit les quasars avant qu'il fût possible d'avoir des télescopes assez puissants pour les observer matériellement.

C'est à l'aide d'une matrice architecture / fonctions matérielles, psychologiques et sociales de l'habitat que Le Corbusier a conçu - pour le meilleur et pour le pire - ses grands ensembles tels la Cité Radieuse.

Les logiques oniriques

Oniros : en Grec, le rêve. De nombreux inventeurs et créateurs, du chimiste Kekulé à Alfred Hitchcock en passant par le mathématicien Poincaré ont apporté des témoignages saisissants sur la puissance du rêve, en particulier dans l'étape finale du parcours de découverte.

Le Suisse Robert Desoilles, psychanalyste dissident, a fondé sa méthode du Rêve Eveillé Dirigé sur une observation : dans le sommeil "l'inhibition des centres corticaux et la disparition momentanée des liaisons temporaires qui conditionnent la pensée logique et les modes d'expression conventionnels, permettent l'accès direct à l'inconscient", lequel se dévoilera en s'exprimant par "des moyens archaïques non logiques... par des analogies plus ou moins claires".

L'IDENTIFICATION

Se mettre dans la peau du problème, devenir l'objet sur lequel on travaille, c'est un moment pratiquement inévitable dans tout parcours d'invention. Pour le faire avec efficacité, il n'est pas inutile de s'entraîner, tout seul ou - mieux- avec le concours d'un comparse qui nous posera délicatement des questions destinées à faciliter notre immersion dans l'objet choisi et notre découverte - de l'intérieur - non seulement de ses propriétés mais surtout de ce qu'il ressentirait et penserait s'il était animé. Pour cet entraînement propédeutique il est recommandé de commencer par des objets simples : une casserole, une marmite, un bibelot... et de laisser pour une étape ultérieure les objets complexes ou les animaux.

Avec une bonne pratique, il est même possible - et extrêmement productif - de s'identifier à un concept : je suis la paix, la liberté, la nouveauté, la communication...

Une méthode synthétique

L'acronyme PAPSA désigne un parcours en cinq étapes, chacune d'entre elles comportant systématiquement une phase divergente où s'appliquent les quatre règles de la roue libre et une phase convergente destinée au tri, à la structuration et au raffinement des matériaux précédemment produits.

La première étape, *Perception Créative*, a pour but de rassembler le plus grand nombre d'informations, objectives et subjectives, faits et chiffres, sensations et intuitions, affirmations et hypothèses sur le problème à affronter.

La deuxième, *Analyse Créative*, voit se dérouler une

exploration multilogique approfondie du champ du problème afin de le décomposer en particules élémentaires. Leur restructuration, dans la phase convergente, permet d'aboutir à une véritable radiographie en relief identifiant l'objectif à atteindre et indiquant les zones critiques auxquelles s'intéresser en priorité.

La troisième étape, *Production Créative*, a pour but de générer un maximum d'idées magiques dont les plus prometteuses sont traduites en idées créatives.

La quatrième, *Sélection Créative*, a pour but d'optimiser le choix de la meilleure idée en favorisant, dans la phase divergente, un examen bienveillant et une appropriation par les décideurs de toutes les propositions, en particulier les plus dérangeantes.

La cinquième, *Application Créative*, sert à préparer le passage à l'acte dans les meilleures conditions possibles. On y applique, dans la phase divergente, une technique antisabotage qui consiste à faire un recensement très poussé, en roue libre, des moyens disponibles pour être sûrs de "se planter dans le décor".

A partir de l'examen attentif des risques d'échec, il est plus facile de construire un plan d'action détaillé et de se programmer pour la réussite.

Les groupes de créativité

Les techniques états-uniennes, pour des raisons culturelles, mais aussi commerciales sont toutes à usage collectif. La taille idéale du groupe est de six à neuf personnes, hautement motivées, de profils et de compétences aussi variés que possible, enclines et entraînées au travail en équipe. Le recours à un tel groupe est utile dans les étapes d'analyse et de production, en particulier dans les phases divergentes où le soutien des autres incite à la plus grande audace et productivité. Dans l'étape de sélection, si la décision à prendre doit concerner, dans son application, plusieurs personnes ou plusieurs fonctions, il est souhaitable d'impliquer ses représentants dans la préparation du choix. Ceci facilitera la mise en œuvre des conclusions : un changement est plus facilement accepté si nous avons pu participer à sa définition, une innovation est mieux vécue si nous en sommes d'une certaine façon les géniteurs.

Le role de l'animateur

Il est capital, même dans les groupes très entraînés. Tel le conducteur d'un "jazz band", il donne le tempo, indique la première ligne mélodique, sent le moment de lancer les solistes, écoute en permanence les humeurs et les vibrations du groupe pour stimuler l'expression harmonieuse des idées, pour favoriser systématiquement les fécondations croisées. Et il a aussi la mission de faire respecter, simplement mais fermement, la règle du jeu.

Les limites du groupe

Le groupe est un levier de démultiplication, il ne doit pas devenir une prothèse ni un conditionnement en dehors duquel la créativité individuelle se trouverait amoindrie.

Le risque existe. Il est donc crucial de s'adonner régulièrement à la pratique personnelle de techniques créatives, et - surtout - de renforcer la croyance dans sa propre capacité à analyser les problèmes et à y trouver des réponses novatrices, dans son propre pouvoir de transformer positivement la réalité.

Ici aussi le ET est supérieur au OU. Nous avons besoin d'être créatifs tous les jours. Pour des objectifs tactiques, nous pouvons réussir tout seul. Pour des objectifs stratégiques, le recours au groupe est une ressource dont nous aurions tort de nous priver.

L'utilisation de méthodes et techniques n'est-elle pas artificielle ?

Oui, bien sûr : comme le disait Vercors, nous sommes des "animaux dénaturés". Tout ce qui est proprement humain est le fruit de l'art, de l'artifice. Mais à partir du moment où nous avons si bien intégré un procédé que nous ne sommes plus conscients de l'avoir appris avec effort, nous sommes passés à l'appropriation et les gestes de la virtuosité nous paraissent "naturels". Le paradoxe est que nous nous croyons spontanés quand nous sommes mus par nos réflexes conditionnés. La maîtrise est le résultat d'un apprentissage permanent. La création aussi. ■

Chapitre 5

La créativité pour quoi faire ?

Trois grandes familles d'application se présentent :
- la création, l'invention, l'innovation, bien sûr ;
- la résolution de problèmes ;
- l'optimisation de l'existant.

La créativité pour qui ?

Pour ceux qui veulent - ou qui doivent - s'atteler à ces trois types de missions. Mais, plus fondamentalement, pour tous ceux qui veulent avoir un pouvoir sur le déroulement de leur propre existence, qui refusent de se considérer comme les objets passifs de forces qui les dépassent, qui sont convaincus - comme le proposent certaines interprétations de la Genèse - que le monde a été créé incomplet et imparfait afin que l'Homme puisse en être le co-créateur. Architecte de sa propre vie, bâtisseur avec d'autres d'une société vraiment humaine, voila le défi que nous propose la créativité.

Les applications en entreprise

Aux USA, les techniques créatives ont été originellement mises au point par des ingénieurs pour les ingénieurs. En Europe continentale les parrains de la créativité ont été les responsables du marketing.

Par tempérament et par fonction, ils ont su déceler avant les autres les bénéfices que pouvait apporter rapidement et à moindre coût l'utilisation de méthodes non-conventionnelles.

Lancer un nouveau produit avant les autres, trouver la façon la plus astucieuse de mettre en avant ses avantages, dynamiser les équipes de recherche-et-développement, mobiliser les forces de vente : autant d'objectifs qui ont permis de démontrer la rentabilité de l'investissement et de permettre aux praticiens pionniers de consacrer un peu d'énergie à la recherche méthodologique.

La fonction Ressources Humaines a longtemps été réticente. Il faut dire que jusqu'à une période récente elle était investie d'une mission de maintien du statu quo et de lubrification des rouages plutôt que de valorisation des ressources et de gestion du changement. Grâce à la crise, la situation a considérablement évolué et l'approche créative a acquis ses lettres de noblesse.

Enfin, les Directions Générales commencent à s'extraire du paradigme pharaonique et à accepter la nécessité, après le triomphe de l'informatique distribuée sur les systèmes centralisés, de réussir aussi à développer une organisation fondée sur l'intelligence et la créativité distribuée.

Dit plus simplement, le modèle de la tête qui pense et des membres qui exécutent a révélé ses limites : l'entreprise, la société d'aujourd'hui, a besoin de tous les talents, sans exception. Reste le problème de leur coordination.

Créativité et Communication

Ce sont les deux bœufs attelés à la même charrue. Une création mal communiquée provoque plus de dommages que de bienfaits. Une communication plate et redondante ennuie et démobilise. L'innovateur efficace est donc par définition un communicateur de premier ordre. Le communicateur efficace fait appel sans cesse aux ressources de la créativité individuelle et collective pour libérer l'énergie de tous et la focaliser vers des objectifs communs de succès.

• En amont d'une stratégie de communication, l'approche créative est indispensable pour explorer les attentes, les aspirations et les représentations (les cartes mentales) des parties en présence : direction, cadres, personnel. "Ce que nous avons communiqué, c'est ce que l'autre a compris" dit la troisième loi de la Nouvelle Communication : il importe donc de connaître parfaitement le terrain avant même d'élaborer des plans.

• La conception du plan de communication doit impliquer directement le comité de direction. Des sessions créatives sont donc nécessaires pour lui transmettre les conclusions de l'exploration et mettre en phase les attentes, les objectifs et les moyens.

• La mise en œuvre des actions prévues dans le plan requiert elle aussi une créativité collective : la communication ne peut être réduite à l'échange d'information. Sa véritable finalité est d'agir sur les comportements, d'obtenir l'implication maximale de chacun et l'harmonisation des efforts. Limiter le personnel à un rôle d'exécutant conduit fatalement à la médiocrité et à l'échec. Lui donner les moyens concrets et opérationnels de participer à l'élaboration des solutions qui le concernent est la voie royale à laquelle viendront, tôt ou tard, toutes les organisations publiques ou privées. La méthode créative, par sa structuration dialectique de la liberté et de la règle, de la divergence foisonnante et de la convergence focalisante, permet d'emprunter collectivement cette voie avec succès.

Quelques exemples d'interventions créatives

• Création de produits : alimentaires, automobiles, cosmétiques, banque, assurance, tourisme, informatique, chimie...
• Création de marques et d'appellations.
• Exploration de marchés et de cibles.
• Recherches de positionnement et d'axes de communication.
• Etudes d'image.
• Recherches sur le climat interne et les motivations du personnel.
• Conduite de projets d'entreprise.
• Elaboration de plans de communication.
• Recherches prospectives et stratégie d'entreprise...

Education, formation et créativité

Au cours d'un congrès de l'A.I.F. (Associazione Italiana Formatori) Michel Crozier a fait une contribution sur le thème “La formation dans le contexte de la société post-industrielle face à l’intellectualisation et à la créativité du travail”.

De son exposé émergent quatre constats :
- l’obsolescence du savoir,
- le développement de la complexité,
- le mouvement vers la liberté, associé à la fin des pénuries fondamentales et à la découverte que la plupart de nos peurs sont purement imaginaires,
- la découverte de l’impuissance relative des sommets, économiques ou politiques, à conduire la société vers un progrès garanti.

Face à ces constats, Crozier propose que “soient développées en tous les facultés d’adaptation et de création dans la participation à un effort coopératif”.

Cette proposition, paradoxale dans la bouche d’un mandarin, pourrait être prise comme exergue à un manifeste en faveur de la créativité.

En effet, le formateur qui refuse de n’être qu’un simple instructeur (rôle que les didacticiels tiendront bientôt mieux que lui et pour un coût infiniment moins élevé) devrait avoir quatre fonctions principales :
• Entraîner et développer la flexibilité mentale, ce qui implique renforcer la confiance en soi : la rigidité ne vient pas que des conditionnements et de la routine, elle est aussi provoquée par la peur du nouveau et le manque d’assertivité.
• Apprendre à apprendre, en faisant découvrir à chacun sa stratégie d’apprentissage spécifique et les moyens de l’optimiser.
• Ancrer la croyance que l’apprentissage permanent est une

condition nécessaire à la croissance et au développement personnel et qu'il peut se faire sans souffrance.

• Installer la formation dans la boucle systémique de l'organisation apprenante (learning organization) c'est-à-dire en faire un des points cardinaux de la stratégie de l'entreprise (privée, publique, administration, collectivité...).

Assumer ces quatre missions débouche forcément sur une remise en cause de la façon dont s'exerce actuellement la fonction formation, mais aussi le système même de l'Education Nationale, encore aujourd'hui plus centré sur la transmission et le contrôle des connaissances et la délivrance de chiffons de papier dont la vanité s'étale de plus en plus évidemment. "La possession d'un diplôme ne prouve qu'une chose, a écrit un expert américain : c'est qu'on a été capable de réussir l'examen qui conditionnait la délivrance de ce diplôme".

Stimuler la curiosité tous azimuts, ne pas exiger que tous les apprenants conforment leur style d'apprentissage au style d'enseignement du professeur, ouvrir l'école à la vie en y intégrant sans mépris tout ce qui est l'environnement des jeunes, recourir avec discernement au multimédia, être perpétuellement inventif dans la façon d'animer sa classe : voilà une série de défis stimulants, qui pourraient éviter de lourdes dépenses de soins psychosomatiques. Et surtout qui pourraient redonner au rôle de l'enseignant une nouvelle jeunesse et à son statut social une valorisation plus que jamais nécessaire.

Mais surtout, la formation et l'éducation doivent, de manière urgente s'insérer comme un des moteurs essentiels du développement économique.

Que l'on parle officiellement de la formation professionnelle comme d'un secteur séparé, voire handicapé, est non seulement un contresens logique mais encore un crime contre l'avenir : de zéro à 77 ans, le rôle de l'éducation est de nous préparer à exercer avec succès et satisfaction une profession utile et rentable, à la faire évoluer en permanence pour éviter l'obsolescence, à la réinventer si besoin est.

VERS UNE SOCIÉTÉ SANS TRAVAIL. OU SANS EMPLOI ?

Historiquement, l'accroissement de la productivité, dû aux progrès de la technologie a conduit de conserve à la diminution du temps et de la pénibilité du travail et à l'amélioration du niveau de vie.

Les experts ont calculé que la Terre dispose déjà de suffisamment de moyens et de ressources pour assurer à ses milliards d'habitants une vie décente avec moins de 30 heures de travail par semaine. Et pourtant, maladie et famine apportent chaque année malheur et mort.

Dans nos sociétés, hier encore privilégiées, le spectre du chômage risque de conduire au désespoir et les plus de 50 ans et les jeunes générations, d'où des brèches redoutables où se sont déjà engouffrés les pires démagogues.

La réponse à la crise est pourtant simple et évidente : instaurer le plus rapidement possible un système de vase communiquant qui permette progressivement d'égaliser les niveaux de vie des nations, en tendant à les aligner, bien sûr, sur les plus élevés.

Pourquoi tarde-t-on à s'engager dans cette voie ?

Les explications sont multiples. La principale est la difficulté des leaders à accepter un changement radical de paradigme.

Créativité et pouvoir

Aucun groupe humain ne peut survivre sans leadership. Par ailleurs, la démocratie totale est un mythe, une utopie. L'agora athénienne n'a pu fonctionner que parce qu'une élite très minoritaire pouvait se décharger du travail sur une masse d'esclaves et consacrer son loisir à la chose publique. Certes, des experts, depuis longtemps, ont proposé le modèle du management participatif. Mais ce modèle est limité à l'élite de l'encadrement. Une piste prometteuse, que nous avons explorée dans quelques entreprises pilotes, pourrait être celle du management contributif. Son schéma est simple et clair. « Je suis le chef, le directeur et je n'ai nulle intention d'échapper à mes responsabilités ni de renoncer à mon pouvoir de décision. Ceci dit, vos idées m'intéressent. Vos observations, vos analyses, vos critiques, vos propositions, je vous invite, je vous incite à m'en faire bénéficier. Je m'engage formellement à les écouter avec attention et respect. Seuls le silence et l'abstention peuvent m'indisposer. Une fois que j'aurai recueilli la multitude de vos contributions, je m'engage à les évaluer avec soin, à les classer et à en faire la synthèse. Ce travail me permettra de prendre la meilleure décision possible. Je m'engage à vous l'expliquer. » Certes, ce système n'est pas une panacée, mais ce n'est pas non plus une utopie, à condition qu'il s'accompagne de l'application du principe de subsidiarité qui stipule, depuis Ignace de Loyola, que tout problème doit être en priorité analysé et résolu par la personne qui a la responsabilité de l'accomplissement de la tâche. C'est seulement si elle n'y arrive pas qu'elle peut remonter au niveau immédiatement supérieur ou faire appel à un expert.

Créativité et vie personnelle

Eduquer créativement ses enfants c'est beaucoup plus facile qu'il n'y paraît, et les parents en retireront un bénéfice au moins équivalent.

Le préalable est que les parents aient eux-mêmes des croyances et un comportement conformes à leur démarche, c'est-à-dire qu'ils appliquent eux-mêmes les principes et les démarches qu'ils souhaitent transmettre à leur progéniture.

Un point capital est la bonne pratique des sanctions, positives (compliments) et négatives (critiques), le tout sur un fond de reconnaissance affective inconditionnelle : l'enfant doit absolument sentir qu'il est totalement accepté et aimé pour ce qu'il est et qu'il sera, constructivement jugé sur ses actes et ses comportements. Un autre point est l'encouragement à la prise de risque, à l'audace intellectuelle et comportementale, l'acceptation et la valorisation de l'originalité.

Un autre est la stimulation de la curiosité, l'exposition non dogmatique à des apports divers et variés : livres, films, revues, voyages, rencontres...

Ce n'est qu'en dernier que viendra l'enseignement de méthodes et de procédés. Plusieurs livres américains et germaniques regorgent d'exercices et de jeux créatifs.

Bien sûr, il faut éviter la sur-stimulation dont "bénéficient" certains champions en herbe et malheureux surdoués. Le respect de la personnalité et des aspirations profondes de l'enfant est fondamental : les parents ont un rôle d'information et d'aide à la vérification de la validité du projet, pas celui de le censurer ou de l'infléchir abusivement.

Le couple créatif

La formule du couple monogame est datée historiquement, et pourtant nous n'avons pas été capables d'inventer d'alternative satisfaisante. D'où deux issues également regrettables : la séparation résultant d'un constat d'échec ou la résignation à continuer à vivre (à survivre ?) sous le même joug.

La troisième voie - mais étroite est la porte et raide la pente - c'est celle que permet la créativité.

Créativité de perception pour être attentif aux signaux que l'autre et nous-mêmes émettons à notre insu et qui peuvent annoncer les crises à venir.

Créativité d'analyse pour comprendre ce qui dysfonctionne et ne pas confondre cause et symptôme.

Créativité de production pour imaginer des solutions alternatives et ne pas se trouver acculés à la réponse unique "ça passe ou ça casse".

Créativité de décision pour choisir la stratégie, le comportement novateur qui sera le plus adapté à nos moyens mais aussi à nos valeurs et à nos désirs.

Créativité d'application enfin pour éviter les risques d'autosabotage et le velléitarisme.

La vie de couple, comme la vie tout court, est porteuse d'une infinité de germes pathogènes, tels la jalousie, l'autoritarisme, la non-écoute. Le plus redoutable, parce que le plus indolore, est la routine, qui conduit à l'ennui puis à la mort. Certains sont déjà morts, mais ils ne s'en sont pas encore aperçus.

Sensualité et érotisme sont un champ infini à l'exercice de notre créativité, même à deux et sans gadgets.

Un programme pour libérer et développer sa créativité

1. Décider

W. Jankelevitch a écrit : *"Vouloir c'est facile. Il suffit de vouloir. Mais encore faut-il le vouloir"*.

Faire le choix d'assumer sa créativité est une décision lourde de conséquences, positives en majorité mais également négatives, car génératrices d'inconfort et demandeuses d'effort. Si je me reconnais comme créatif, je me prive d'alibis commodes, dont celui de me présenter comme victime expiatoire de la société, de mes parents, de mon patron, de mon conjoint... Si je m'engage dans la voie de l'innovation, je dois me préparer à affronter des résistances et à essuyer des tempêtes, à rencontrer des échecs dont je ne pourrai esquiver la responsabilité. Si je commence, je dois savoir que je n'aurai plus le droit de m'arrêter : la création est une œuvre qui n'a pas de fin.

Pour asseoir solidement ma décision, je devrai vérifier sa congruence avec mes valeurs personnelles, avec mon désir profond, avec mes ressources. Je devrai enfin m'établir un plan d'action, avec des étapes et des échéances.

2. Se lancer

Mon plan d'action m'aura permis d'identifier le ou les domaines où je vais faire mes premières applications. Ce peut être ma vie de couple ou l'éducation de mes enfants. Ce peut être un projet de développement personnel. Ou encore un projet professionnel : réussir un changement profond dans mon métier actuel ou bien réorienter ma carrière. Ce peut être un engagement social : la vie associative et, pourquoi pas, l'implication politique offrent de nombreux leviers à qui a le désir enraciné d'aider à changer la vie. Enfin, ce peut être une œuvre : peinture, musique, spectacle, livre. Nous sommes tous des artistes en puissance.

3. S'entraîner

La vie quotidienne nous présente sur un plateau mille occasions de gymnastique créative. Trouver un nouvel itinéraire du dodo au boulot, une nouvelle façon de faire plaisir à son patron ou à son assistante, un nouvel aménagement de son espace de vie ou de travail, une idée originale pour commencer une réunion de service, un lieu inattendu pour mon prochain week-end : autant de stimulations gratuites.

Avec un effort à peine plus grand, je peux m'astreindre à pratiquer régulièrement les différentes logiques, associations, analogiques, combinatoires et oniriques. Quelques minutes peuvent me suffire pour un exercice de visualisation créative : c'est particulièrement utile pour affronter une situation difficile. Le plus important est de ne pas oublier d'activer successivement la phase divergente et la phase convergente. Je peux jouer seul, en groupe, avec mes enfants...

4. Se perfectionner

Certes l'apprentissage de méthodes créatives est nécessaire pour faciliter les tâches d'invention et de résolution. Mais s'endormir dans cette facilité risque d'être, à terme, stérilisant.

Pour me perfectionner, je vais donc lire régulièrement livres et articles, peut-être m'abonner au Journal of Creative Behaviour ou à la newsletter mensuelle Creativity in action. Mais aussi je vais participer à des séminaires de recherche ou de formation.

5. Persister

“L’erreur n’est un échec que si nous n’avons pas su en tirer d’enseignements pour l’avenir”. Je vais rencontrer des échecs, mais je saurai m’en enrichir. Pour devenir un meilleur innovateur, je vais apprendre à devenir un vendeur efficace de mes idées, par exemple en appliquant les 6 étapes de la communication préconisées par la PNL :

1 - Clarifier mon objectif (plus il sera précisément défini plus je pourrai être flexible sur les parcours nécessaires pour l’atteindre).

2 - Etablir le contact, verbal et visuel, avec mon interlocuteur.

3 - Me “synchroniser” avec lui, c’est-à-dire me faire le miroir verbal et physique de son langage, de ses gestes et de ses rythmes.

4 - Se guider pas à pas vers l’objectif de succès.

5 - Savoir conclure, au moment même où l’accord sera réalisé. Ne pas m’arrêter juste avant et éviter aussi “d’en rajouter”.

6 - Ancrer la conclusion commune par un geste ou un acte symbolique.

Je peux aussi adopter un journal de bord sur lequel je noterai les péripéties significatives de mon épopée créative. Enfin, et ceci dès le premier jour, je porterai sur moi 24 heures sur 24 un carnet de poche sur lequel j’inscrirai, dès qu’elles me viendront à l’esprit, mes idées, observations, intuitions : plus elles sont originales plus elles sont volatiles. J’ai donc intérêt à les fixer sans attendre. Je peux aussi me choisir un partenaire avec qui j’aurai des rendez-vous, réguliers ou sporadiques, pour faire avec lui le point de mon voyage.

Créativité et santé

Pour ce qui est de la santé mentale, la démonstration n'est plus à faire.

L'attitude créative, faisant sortir de la passivité et de ses conséquences destructrices, est le meilleur remède contre le stress.

Elle évite aussi la routine et l'ennui. Elle rend la vie plus appétissante, elle nous rend plus amoureux et plus attirants à la fois.

Ce qui est moins connu, car les médias ont peu parlé de la découverte révolutionnaire de la biologiste Rita Levi-Montalcini, c'est que la pratique créative a des effets physiologiques mesurables.

En effet, s'il est vrai que les cellules nerveuses n'ont pas de capacité reproductive et que nous en perdons des dizaines de milliers chaque jour, on sait par ailleurs que le plus important se trouve dans les terminaisons des neurones, les dendrites qui assurent, par le biais des synapses, les connexions avec les autres neurones et constituent l'extraordinaire réseau qui nous permet de penser et de créer.

Or, la croissance de ces terminaisons nerveuses est provoquée par l'hormone NGF, ou Nerve Growth Factor, laquelle est stimulée par la pratique créative. Voilà donc l'explication scientifique de la longévité des créateurs, voilà donc le secret du sérum de jouvence. Nous n'avons même pas besoin de l'acheter en pharmacie, c'est notre cerveau qui le produit. ■

Pour en savoir plus long

Du même auteur

- *Clés pour la créativité* (Seghers)
- *Créa-Prat* (Epi)
- *La créativité, mode d'emploi* (ESF)
- *Créatifs au quotidien* (Hommes et Perspectives)
- *La communication pratique au service des entreprises*, avec F.M. Pons (ESF)
- *Survivre au couple*, avec Laure Bulleri (F. Angeli)

Des cassettes audio

- Tam Tam
- 3 I

Une cassette vidéo

- Créativité, science du futur

Des cartes heuristiques

- Eureka (F. Angeli)

Une adresse

GIMCA - 130, rue La Fayette - 75010 PARIS
Fax (1) 42.46.97.56

Bibliographie

- Astruc (L), *Créativité et sciences humaines*, Maloine
- Boton (M), *Fiches pratiques créativité,* Editions d'Organisation
- Clark (C), *Comment être créatif dans le travail,* Dunod
- Demory (B), *La créativité en pratique et en action,* Chotard
- Fustier (M), *Pratique de la créativité*, ESF
- Osborn, *Créativité : l'imagination constructive*, Dunod
- Shone (R), *Visualisation créative*, Québec amérique
- Timbal Duclaux (L), *L'écriture créative*, Retz
- Van Oech (R), *Créatif de choc*, Albin Michel
- Vidal (F), *L'instant créatif*, Flammarion
- Vidal (F), *Problem solving*, Dunod

Dans la même collection

L'ANALYSE BIOÉNERGÉTIQUE
Guy TONELLA

L'ANALYSE TRANSACTIONNELLE
Simonne MORTERA - Olivier NUNGE

LA GESTALT-THÉRAPIE
Jean-Marie ROBINE

L'HYPNOSE ÉRICKSONIENNE
François PAUL-CAVALLIER

LA PENSÉE POSITIVE
Alain HÉRIL

LA P.N.L.
Patrick SARY

LA PSYCHANALYSE JUNGIENNE
Elizabeth LEBLANC

LA SOPHROLOGIE
Jean-Pierre HUBERT

LES THÉRAPIES COGNITIVES
CHRISTOPHE ANDRÉ

LES THÉRAPIES FAMILIALES
Alain HÉRIL

LA VISUALISATION
Monique EGÉ

Imprimé en France. - JOUVE, 18, rue Saint-Denis, 75001 PARIS
N° 223240J. - Dépôt légal : Janvier 1995